Cuentos
de bolsillo

Índice

El gallo Lolo 3	¡Qué risa! 18
¡Al agua, pingüinos! 4	Las gafas de Lingo 19
¡La leche es buena! 5	¡Gracias, Harry! 20
La pesadilla 6	Cien menos un pie 21
Los bonitos cuentos de Teca 7	¡Vivan los gorros! 22
Roseta, la mofeta bromista 8	¡Rápido y bien! 23
La fiesta de Perico 9	Una boda pasada por barro 24
La cabeza de Suga 10	Un poco de sitio para Totó 25
La guardia de las mariquitas 11	¡Peter no quiere cazar! 26
El hipo de Pietro 12	¡Gigi y Pamela tienen sed! 27
Raposino se queda sin comer 13	El mal ejemplo 28
¡A comer! 14	El caballito de circo 29
¡Un régimen muy severo! 15	Unas abejas estupendas 30
La gran carrera 16	Willy quiere que venga su mamá ..31
El regalo de Plas 17	La marmota desorientada 32

Creados e ilustrados por:
Catherine Tessandier
Valerie Videau
Laure de Bailliencourt
Guillaume Trannoy

Adaptados al castellano por:
Teresa Rodríguez

© Ediciones Saldaña, S.A.
Pol. Lintzirin-Gaina, parcela B-3
20180 OIARTZUN
(Guipúzcoa) ESPAÑA

El gallo Lolo

Lolo está de mal humor. Los granjeros de al lado se han comprado un gallo ¡que canta demasiado temprano!

—Tienes que hacer algo, Lolo –dicen las gallinas, que están medio dormidas–. Para eso eres el amo del corral, ¿no?

Lolo levanta la cresta con orgullo y va a visitar a su nuevo vecino.

—Te propongo un trato –le dice con voz firme al gallo madrugador–. O cantamos un día sí y otro no, cada uno cuando le toque, o cantamos a la vez, pero a la misma hora. ¡Tú decides!

El gallo reflexiona un instante y responde: —Yo canto un día y al siguiente cantas tú. Así, un día de cada dos no tendremos que madrugar. ¡Y te prometo que cantaré a la hora debida!

Pero... a los dos amigos gallos les ha gustado tanto no tener que madrugar, ¡que ya no cantan nunca!

¡Menos mal que hay relojes despertadores!

¡Al agua, pingüinos!

Los pingüinos están en fila india, listos para el baño.
—¡Al agua! ¡Al agua! ¡Bieeeen! —cantan alegremente.
Pingüinín no parece tener prisa.
—Ya me bañé ayer —protesta—.
Estoy limpísimo. Además, hoy hace demasiado frío.
—Venga, al agua —grita mamá Pingüino—. ¡Ahora mismo!
—¡Noooo! —responde Pingüinín.
—¡Cuidado! Ahí viene el lobo blanco para comerte —dice mamá Pingüino.

Rápidamente, Pingüinín salta al agua y nada con todas sus fuerzas. Mientras, en el hielo, todos los pingüinos se ríen ¡porque mamá Pingüino acaba de gastarle otra broma a su pequeño Pingüinín!

¡La leche es buena!

Margarita y sus amigas, las otras vacas, están hartas de que las despierten todos los días a las seis de la mañana para ordeñarlas.

—¡Ya está! —dice Margarita, enfadada, echando el cerrojo de la puerta del establo con el rabo—. Hoy no madrugamos. ¡El granjero tendrá que esperar!

Ya por la tarde, las vacas salen a dar un paseo a los prados. Y en el camino, se cruzan con una mamá que empuja un cochecito de bebé.

—¡Buaaa! ¡Buaaaaaa! —llora el bebé.

—¡Pobrecito! —comenta Margarita—. ¡Seguro que tiene hambre! Su madre habrá olvidado el biberón.

Entonces, a Margarita se le ocurre una idea. Empapa el rabo en un bote de pintura y escribe en un cartel, en letras grandes: "Leche fresca gratis para todos los bebés del pueblo".

¡Menudo atasco de cochecitos de bebé hay en el prado! ¡Claro, como la leche es tan buena y está tan rica!

La pesadilla

¿Qué habrá pasado? El gato Catino ha perdido el apetito. ¡Ya no le apetece comer!
Andando por el jardín, triste y distraído, se va chocando con los árboles y las piedras. ¡Pobre Catino! Claro, como le han cortado los bigotes.

—¡La, la, la! ¡No me vas a cazar! ¡Li, li, li! —se burla un pajarito revoloteando al lado del gato.

—¡Ni a mí tampoco! ¡Corro más rápido que tú! ¡Na, na, na, na, na! —dice un ratoncito, corriendo entre las patas de Catino.

De pronto, el gato se despierta: —¡Uf! ¡Menos mal! ¡Era una pesadilla!

¡Qué sueño tan horrible!

Y ahora Catino está bien despierto.

Enseguida corre a mirarse en el espejo para ver si tiene sus bigotitos.

¡Sí, ahí están! ¡Qué bien! Ahora Catino se siente de maravilla.

Sale al jardín y caza un pajarito... ¡y un ratón!

Los bonitos cuentos de Teca

–¡No, no, no! ¡Fuera de aquí! ¡Vete! No dices más que tonterías y nos agotas con tu charlatanería –exclaman las gallinas cada vez que Teca se acerca a ellas.

–Esta oca parece un loro. ¡Es que no deja de hablar! –cacarean las gallinas en un corrillo.

Entonces Teca va a sentarse sola en un lecho de paja. ¿Sola? Bueno, no por mucho tiempo.

¡A los pollitos les encanta que Teca les cuente cuentos! Por eso corren a sentarse bajo sus alas, pegados a sus suaves plumitas.

Y al caer la tarde, las gallinas están celosas de Teca, que no deja de mimar a los pollitos.

–¡Venga, a dormir! –gritan las gallinas, llamando a sus pequeños.

–Por favor, ¡dejad que Teca nos cuente un cuento más! –piden los pollitos.

Roseta, la mofeta bromista

A Roseta le cae bien la ardilla Lita, pero a veces le parece un poco pesada: a primera hora de la mañana ya está cepillada, limpita y perfumada.

—Roseta, no te acerques. No te has peinado y llevas las patas sucíiiisimas —dice la ardilla, con gesto de desagrado.

Hasta que, un día, la mofeta decide gastarle una broma: echa una buena capa de miel en el tronco del avellano, se sube a una rama muy alta y grita: —¡Lita, ven! ¡Aquí hay unas avellanas enormes! ¡Ni te las imaginas! ¡Son gigantes!

Y como Lita es tan comilona, sube a toda prisa por el avellano, sin darse cuenta de que está cubierto de miel. Entonces Roseta, desde una rama, la mira y se ríe a carcajadas mientras le imita la voz, diciendo: —Lita, no te acerques. ¡Estás muy pegajosa y llevas las patas suciíiiisimas!

La fiesta de Perico

Perico es un ciempiés que está muy triste: no va a poder ir a las fiestas del pueblo.

—Tengo las zapatillas gastadas y no me queda dinero para comprarme unas nuevas —se lamenta—.

¡Qué rabia! ¡Con tantos pies!

Perico sale a dar una vuelta. Camina muy despacio, arrastrando sus viejas zapatillas. Y cuando pasa delante de sus amigos, ¡piensa que hablan de él!

La mañana de la fiesta, Perico está en su casa y oye pasos delante de la puerta. Al rato, llaman con fuerza:

—¡Toc, toc! ¡Toc, toc, toc! ¿Hay alguien ahí?

Y cuando Perico abre la puerta, ¿con qué se encuentra? ¡Con una montaña de zapatillas!

Las hay de cordones, con velcros, verdes, rojas...

—¡Y te ayudamos a calzarte! —dicen sus amigos—.

¡Rápido, que la fiesta va a empezar!

Perico está tan contento, ¡que no deja de bailar!

La cabeza de Suga

La oruga Suga se encuentra fea. Le pregunta al moscardón Pepón: –¿No te parece que estoy muy gorda?

–Claro que no –responde Pepón–. ¡Eres una oruga linda!

Entonces le pregunta a la abeja Plufi:

–¿Te has fijado en estos pelos tiesos que tengo en la cabeza? Son horribles, ¿verdad?

–No, no. Tú eres una oruga preciosa.

Hasta que, un día, la mosca Minosca le dice:

–Ten paciencia. ¡Mañana te vas a llevar una sorpresa!

Esa noche, Suga está un poco nerviosa. Le cuesta dormirse porque está deseando que llegue el día siguiente. Al amanecer, cuando se despierta, se nota muy rara.

Corre a mirarse al espejo y...

–¡Ooooh! ¡Qué mariposa tan bonita! ¡Y en la cabeza tiene dos antenitas!

¡Claro! ¡Soy yo! –exclama Suga, feliz.

La guardia de las mariquitas

Esta mañana, Arlita tiene un hambre de lobo. Y eso, para una mariquita, es algo que hay que solucionar enseguida.

—Nos vemos en el rosal del seto —les dice a sus amigas—. ¡Siempre hay un montón de pulgones deliciosos para comer!

—¡Cuidado! —avisa Minín, un pulgón muy listo—. ¡Que viene Arlita!

Entonces, todos los pulgones del jardín corren a esconderse tras él. Pero Minín está harto de que siempre pase lo mismo y va a hablar con Arlita.

—Señorita, me gustaría hacerle una propuesta.

—¿Qué? —se burla Arlita—. ¿Vas a contarme los puntitos? ¿O me traes el desayuno a la cama?

—Algo mejor —responde Minín—. Mis amigos y yo podríamos ser sus guardaespaldas. Así, si se le acerca una araña o un ratón, la avisamos enseguida.

A Arlita le parece una muy buena idea. Y ahora, en el jardín, siempre que pasa una mariquita, un pulgón la sigue... ¡como un perrito!

El hipo de Pietro

Hay cinco ranas que son muy amigas de cinco pelícanos.

—¿Y si jugamos a salta la rana? —preguntan las ranas.

—¡Uy! Conmigo no contéis —responde Pietro—. No me encuentro muy bien.

Pero la rana Katiana insiste tanto, que el pelícano Pietro abre el pico al máximo.

—Como tienes el buche tan grande —comenta Katiana—, ¡es difícil saltar sobre tu pico!

Entonces la ranita da un salto mal medido y ¡glup! ¡Pietro se la traga sin querer! ¡Y empieza a tener hipo! ¡Qué fastidio!

—¡Rá... pido! ¡Hip! —se queja el pelícano—. ¡Que me encuentro fatal! ¡Hip, hip!

Las ranas dan saltos y más saltos en el estómago de Pietro hasta que ¡hip! Katiana sale por fin del pico del ave. Aunque, ¿qué lleva entre las patitas?

—Ya sé por qué te encontrabas fatal, Pietro —exclama la rana enseñando una piedra—. ¡Menos mal que he estado en tu estómago haciendo un poco de limpieza!

Raposino se queda sin comer

Picolito, Picolín y Picolina no se separan de su mamá. De pronto, Picolín ve tres granos de maíz en el suelo.

–¡Mmmm! ¡Qué rico está esto! –comenta el pollito, picoteándolos.

Mamá gallina no se ha dado cuenta porque camina muy erguida, con la cresta en alto.

¡Pero sus pequeños ya no la siguen! ¡Van tras el rastro de los granos de maíz!

Y no tardarán mucho en llegar a la madriguera del zorro Raposino.

–¡Oh! ¡Bienvenidos a mi casa! –saluda el zorro–.

Pasad, pasad. Hay muchos más granos por aquí.

Y... ¡clic! ¡Cierra la puerta con llave!

–¡Ja, ja, ja! –se burla entonces el zorro–.

He puesto el maíz a propósito para atraeros hasta mi casa. ¡Es que me encanta comer pollitos!

De pronto, el zorro tropieza y se cae al suelo. Entonces los pollitos, que también son astutos, cogen una madeja de lana y atan a Raposino. ¡Ahora parece una salchicha!

¡A comer!

La garza Larguilla es un poco ingenua. ¡Y todos se aprovechan de ella! Siempre ayuda a las demás garzas a pescar unas doradas deliciosas, ¡pero nunca le dan ni un trocito para probar!

–¡Para ti no queda, Larguilla! Mañana te damos un poco –le dicen, para disimular.

Un día que estaba muy hambrienta, Larguilla cogió una lombriz.

–¿Quéeee? –exclamó la lombriz–. ¿Vas a comerte una lombriz mientras las otras garzas solo comen pescadito fresco? ¿No ves que se están aprovechando de ti?

–¿Y qué puedo hacer yo? –preguntó Larguilla, muy triste.

–Tráeme unas cuantas libélulas y mañana te lo digo.

Al día siguiente, Larguilla se reúne con la lombriz.

–Deja las libélulas en medio de ese nenúfar –le explica la lombriz–. Vuelve al atardecer y ¡encontrarás pescado fresco!

Claro: ¡las libélulas son un cebo ideal para los peces!

Y así, a partir de aquel día, Larguilla es la envidia de las demás garzas: ¡siempre consigue los peces más ricos!

¡Un régimen muy severo!

Ondina se está esforzando para ganar el título de Miss Sirena de la Laguna: se aplica máscarillas de algas para alisar la piel y se da masajes de esponja para que brille. ¡Y eso no es todo! Hoy tiene cita con el doctor: se va a poner a régimen.

–Bueno, señorita Ondina –duda el doctor–, el caso es que usted no está gorda…

–Ya –responde la sirena–. Pero me sobran unos gramos en la aleta, ¿no le parece?

–Si fuera así, serían muy pocos. ¡Bastará con que haga ejercicio! No necesita un régimen –dice el doctor–. Le recomiendo que dé cinco vueltas a la laguna, mañana, tarde y noche.

Y Ondina empieza entonces a nadar a todas horas. Al cabo de un mes, ha perdido esos gramos, ¡pero menudos músculos le han salido! Por eso ha resultado elegida… ¡Miss Musculitos de la Laguna!

La gran carrera

Allá van Mina y Chatín corriendo tras los ratones. Y después, a maullar en la quesería, para que les den un poquito de leche.

—Y ahora —propone Chatín—, ¡a arañarle el rabo a ese panoli de Canelo!

El problema es que al viejo perro no le gusta ni lo más mínimo que lo molesten mientras duerme la siesta.

Y al notar que las garras de Chatín y de Mina se clavan en su rabo, enseña los dientes y empieza a perseguirlos ladrando:

—¡Gamberros! ¡Venid aquí! ¡Que os voy a comer!

—¡Corre, Mina! —grita Chatín—. ¡Volvamos al cole!

Los dos gatitos consiguen meterse en el colegio por un agujero... demasiado estrecho para el perro.

¡Uf! ¡Menos mal!

—Esta vez habéis tenido suerte —gruñe Canelo—. Pero la próxima, ¡os estaré esperando!

Aunque hay alguien más esperando a Chatín y a Mina: la profesora.

¡Y los mira con cara de estar muy, muy enfadada!

El regalo de Plas

De camino a las vacaciones, Plas se para.

—¡Papá! ¡Mamá! ¡Estoy cansado! ¡Que tengo las patas pequeñitas!

—No te preocupes, hijo. Los zorros somos astutos. Cuando pase un coche, ¡zas! ¡Nos montamos! ¡Prepárate!

Y en cuanto papá zorro acaba de hablar, aparece una furgoneta amarilla a lo lejos.

—¡Coooot! ¡Cot, cot, cot! —cacarean las gallinas desde sus jaulas.

—¡No me lo puedo creer! —exclama papá zorro—.
¡Es una furgoneta llena de gallinas!

—¿Y a dónde las llevan? —pregunta Plas.

—Al mercado. ¡Las van a vender y después las van a guisar!

Y eso a Plas no le parece nada bien.

—Papá, me has prometido un regalo para vacaciones, ¿no? Pues ya sé lo que quiero: ¡abrir todas las jaulas de las gallinas!

—¡Coooot! ¡Cot! ¡Cot! ¡Cot! —cacarean las gallinas, muy agradecidas—. ¡Os deseamos unas felices vacaciones, amigos zorros!

¡Qué risa!

Esta mañana, la hiena Helena ha tomado una gran decisión: ya no quiere quedarse en casa, sola y triste.

—Voy a saludar a mis vecinas —dice, caminando por la sabana—. Yo también quiero reírme, como las demás.

—¿Qué hacéis para estar siempre riendo? —les pregunta, con gran interés.

—¡Ji, ji! ¡Nos reímos porque la vida es preciosa, Helena! Por ejemplo: las leonas salen a cazar y, cuando ya no les apetece comer más, nos llaman para que nos acabemos la comida.

De pronto, se oye un rugido en la pradera: —¡Ji, ji! —se ríe una hiena, con risa burlona—.

Es Dona, para que vayamos. Chicas, ¡a comer!

¿Te vienes con nosotras, Helena?

—¡Sin tener que pensármelo dos veces! —responde la hiena, sonriendo—. ¡Y quiero contaros un montón de chistes!

Eso era lo que le faltaba a Helena: ¡unas buenas amigas!

Las gafas de Lingo

El cangurito Lingo tiene que llevar gafas. Se dio cuenta el día en que iba saltando con su amiga Bingui ¡y se golpeó contra el tronco de un árbol! Aunque a Lingo le da miedo hacer el ridículo: ¿dónde se ha visto que un cangurito lleve gafas? Ya le parece estar oyendo a sus amigos, burlándose de él:

–¡Lingo es un gafotas! ¡Lingo es un cuatro ojos! ¡Ji, ji, ji!

Pero su mamá insiste:
–Cuando no se ve bien, es muy peligroso ir sin gafas. ¿Y si te encuentras con un cocodrilo y no lo ves?

Entonces a Bingui se le ocurre una gran idea: se va a poner unas gafas de sol.

¡Así Lingo ya no será el único cangurito que lleva gafas!

Los dos amigos, con sus gafas nuevas, se pasan el día dando saltitos, muy orgullosos, en el gran desierto australiano.

Incluso se comenta que ahora son los que mejor ven ¡de todos los canguros del mundo!

¡Gracias, Harry!

Las nubes están justo encima de la anémona viajera y una gran gota de agua viene a recordarle que tiene un poco de sed. De pronto, el mar se agita con el fuerte viento y Moni es zarandeada por las olas. ¡No consigue nadar a su manera! ¡El mar se la lleva sin que pueda evitarlo!

—Tenía que haberle hecho caso a mi hermana —dice Moni—. Ahora la muy miedica estará tranquila, segura y a salvo.

De pronto, Moni nota que alguien se la traga ¡y se encuentra en la oscuridad!

Ya no hay ruidos, ni tormenta. ¿Qué ocurre?

Entonces, el pez que se la había tragado la escupe justo delante de sus hermanas.

—Le pedimos a Bigudí, el pez payaso, que te buscara en la tormenta. ¡Dale las gracias!

Moni está un poco triste, pero feliz de haber visto el mundo.

Y para dar las gracias a Bigudí, se irá con él a la gran velada del mar. ¡Será la flor de su chaleco!

Cien menos un pie

El ciempiés Henry está de mal humor.

En la clase de gimnasia, ¡se ha torcido el pie noventa y nueve!

La lombriz Vic, que vive al lado, ha ido a ver cómo se encuentra y a consolarlo:

–¡Ánimo, amigo! Pronto estarás recuperado.

–Ya. Pero mientras tanto no puedo ni moverme –se lamenta Henry, desesperado–. No hago más que darme golpes.

–Pues fíjate en mí –le responde la lombriz–. No necesito patas para poder moverme. ¡Me arrastro y ya está! Y tú tienes una buena tripita para andar por el suelo.

–Con este pie escayolado, ya ni siquiera soy un ciempiés. ¡Todos se burlarán de mí!

–¡Ya verás como no! –lo anima Vic–. Además, ahora mismo te voy a enseñar a arrastrarte por el suelo. ¡Te aseguro que es divertidísimo!

Algún tiempo después, Henry se curó del todo. Pero, de cuando en cuando, aún se le ve arrastrándose por el suelo como si fuera una lombriz.

Bueno, ¡es un ciempiés muy divertido jugando a ser una lombriz!

¡Vivan los gorros!

Yupín ya está harto de hacer el mono tras los barrotes. No entiende por qué todo el mundo se divierte sacándole la lengua y haciéndole un montón de muecas horribles.

Yupín se para a pensar un rato y, como todos los chimpancés, ¡se rasca la cabeza!

—Ya lo tengo —exclama, encantado—. La próxima vez que vengan a verme los visitantes del zoo, ¡se van a enterar de lo que puede hacer un chimpancé muy enfadado!

Una pandilla de niños se acerca a la jaula, ¡pero no les da tiempo ni a hacer una mínima mueca! Rápido como un rayo, Yupín mete los brazos entre los barrotes de la jaula y...

¡Clin! ¡Clan! ¡Clan! ¡Clin! ¡Empieza a tirarles de las orejas a los niños!

—¡Ay! ¡Uy! ¡Mamáaaaa! ¡Ay! —se quejan los pequeños, que se van corriendo a toda prisa—. ¡Este mono se ha vuelto loco!

Desde ese día, Yupín vive tranquilo. Le encanta mirar a los visitantes que pasan ante su jaula: ¡todos llevan un bonito gorro en la cabeza!

¡Rápido y bien!

Un bulldog le dice a un galgo:
—Se supone que eres más rápido que nadie, pero me pregunto cómo es posible que corras más rápido que yo. Soy más grande y más fuerte que tú.
—Es que mi cuerpo es más ligero que el tuyo – responde el galgo–.
Pero si quieres, podemos comprobarlo.
Y así, ponen un montón de carteles en los árboles para anunciar la carrera. Durante unos días, el bulldog come sin parar kilos y kilos de carne. Y el galgo come poco y no deja de entrenar.
Llega el día de la gran carrera. En cuanto suena el silbato, los dos perros echan a correr como flechas. Pero al rato, parece que el galgo vuela mientras que el bulldog, con el estómago lleno, se cansa enseguida.
Y el galgo cruza con elegancia la línea de meta mientras que el bulldog se deja caer, agotado. Los espectadores se burlan de él.
—¡Tus musculitos no te han servido para nada! –le dicen al gran perdedor.

Una boda pasada por barro

Esta tarde, la saltamontes Saly se casa con el caracol Maik.

Saly, con ayuda de sus hermanas, lleva todo el día poniéndose guapa. Pero entre los saltamontes es costumbre que la novia vaya sola desde su casa hasta el lugar de la celebración. Saly se pone en marcha.

Va tan feliz, que no se da cuenta de que se está manchando de barro por saltar tanto.

Al llegar, oye un gran murmullo entre los invitados.

–¿Qué te ha pasado? ¡Estás llena de barro!

¡Qué horror! –se lamentan sus hermanas.

–Yo... ¡Oooooh! –exclama Saly, muy triste.

–¡Pues yo te encuentro fantástica! –la anima Maik, que también se ha manchado de barro por todas partes–.

¿Lo ves? ¡A los caracoles nos encanta el barro!

La fiesta acaba en una gran batalla divertida.

Y tanto los saltamontes como los caracoles saltan en el barro como locos gritando "¡Que vivan los novios!".

Un poco de sitio para Totó

Totó, el elefantito marino, se aburre a la orilla del agua. Su papá ronca muchísimo y, además, ocupa media playa. Totó decide ir a buscar a sus amigos. Y, precisamente, en el agua hay unos cuantos leones marinos jugando.

–¿Por qué no venís a jugar conmigo a esta playa? –les pregunta.

–Pues porque los elefantes marinos ocupan mucho espacio –responde Otela.

–Ahora mismo se lo voy a decir a mi papá. ¡Tapaos los oídos! –exclama Totó.

El elefantito marino vuelve junto a su papá roncador y grita con todas sus fuerzas:

–¡Papá! ¡Apártate un poco! Ocupas todo el sitio y yo no puedo jugar.

Entonces, el papá de Totó se va despacio a una esquinita.

–Gracias, papá – dice Totó, que corre a llamar a sus amigos–.

¡Ya está! ¡Hay sitio para todos!

Los pequeños juegan y se divierten sin parar.

Pero ninguno se acerca a la esquinita: un papá así, ¡da un poco de miedo!

¡ter no quiere cazar!

Cuando los conejos salen de sus madrigueras, siempre lo hacen a toda velocidad y en zigzag.

Los pequeños astutos de orejas largas hacen tantas piruetas ¡para que no los pillen los cazadores!

Pero a Peter, el setter irlandés, le encantan los conejos y decide hacer algo para ayudarlos.

Mientras su dueño el cazador se prepara, corre a hablar con ellos: —Cada vez que oigáis un disparo, haced como si estuvierais heridos. Yo iré corriendo y os cogeré con mucho cuidado para llevaros a mi dueño. ¡Pero no os podéis mover nada de nada hasta que yo vuelva para soltaros!

¡Pam! ¡Pum! ¡Pam, pam! ¡Pum!

Los disparos resuenan y Peter corre a por sus amigos y los va dejando en un montón.

—¡Vamos a comer! —gritan los cazadores al volver a casa—. ¡Hoy hemos tenido un buen día de caza!

Pero, no muy lejos de allí, Peter y sus amigos los conejos saltan y ríen. En cuanto han podido, ¡se han escapado todos corriendo en zigzag!

Y Peter se ha jurado a sí mismo ¡que nunca más volverá a ser un perro de caza!

¡Gigi y Pamela tienen sed!

Gigi y Pamela están disgustadas. Tienen las patas muy largas y muy delgaditas ¡y un cuello altísimo!

—Ya no podemos más —se quejan al cruzarse con algún animalito de la sabana—. Vosotros lo tenéis muy fácil: si necesitáis beber, os agacháis un poquito, sacáis la lengua ¡y ya está! ¡Problema resuelto! Pero para nosotras, las jirafas, la cosa es muy distinta: primero tenemos que separar nuestras inmensas patas con mucho cuidado y, después, bajar la cabeza hasta el agua ¡y mantener bien el equilibrio para no caernos de morros!

Entonces los antílopes, las gacelas y los hipopótamos se reúnen. Quieren encontrar una solución al gran problema de sus amigas.

—En el bosque hemos visto unos tubos muy largos —comentan los hipopótamos—. ¡Vamos a buscarlos!

Y al cabo de un buen rato, Gigi y Pamela están sentadas en unos troncos de árbol y ¡beben con dos pajitas gigantes! ¡Por fin!

El mal ejemplo

¡Qué guapo es el cangrejo Tepincho, con su caparazón rojo, levemente aterciopelado!

Las chicas cangrejo están locas por él. Pero Tepincho ni siquiera las mira. Ama y adora a Starlet, la estrella de mar.

Aunque Starlet, claro, ni se fija en él. Es orgullosa y altiva. ¿Cómo se va a interesar por un cangrejo?

Tepincho está desesperado:

—Me siento ridículo, andando así, para atrás.

Y ella es tan elegante y tan bonita.

Una noche, Tepincho está llorando, triste y melancólico, en el hueco de su roca. De pronto, un hombre pasa cerca de él, por la playa.

Va cantando, con una botella de whisky en la mano, la tira ¡y cae justo al lado del triste cangrejo!

Tepincho se bebe una gotita de nada, se pone muy alegre ¡y decide ir a declararse a su amada!

—¡Fijaos! —comentan los demás cangrejos—. Es increíble: ¡Tepincho va caminando derechito hacia adelante!

El caballito de circo

Mirando por la ventana de la granja, Lucero está impresionado: en la tele se ve un caballo muy elegante que lleva un traje precioso y brillante. El potrillo vuelve a casa imitando los pasos de baile de su nuevo ídolo.

—Mamá, ¿sabías que hay caballos que bailan y que llevan trajes brillantes?

—Claro, hijo. Tu tío Oregón se fue con un circo.
¡Qué bien baila! —explica mamá.

—¡Pues yo también quiero bailar! —exclama Lucero, relinchando de alegría.

—Creo que mañana llega el circo a la ciudad. Podemos ir a verlo.

Muy impaciente, Lucero se levanta temprano y galopa hasta el circo.

—¡Hola, tío Oregón! Soy tu sobrino —dice el potrillo, dando unos pasos de baile—.

Yo también quiero bailar.

—¡No se te da mal! Si practicas, ¡el año que viene te llevo conmigo!

Unas abejas estupendas

Melba está delante del espejo, preparándose.
–¡Ya está! Un poco de perfume por aquí ¡y allá voy!
La abeja huele muy bien. ¿A dónde irá, tan coqueta?
Va a la colmena de al lado.
–¡Hoooola! –saluda Melba al entrar–. Hoy hace un poco de frío, ¿verdad?
Las guardianas aladas se acercan a ella y la huelen.
Y como su olor es el de la colmena, ¡la dejan pasar!
Una vez dentro, Melba vuela discretamente hasta un librito del que va a copiar la receta de una nueva variedad de miel. Pero tarda mucho en escribir, ¡y se le va yendo el perfume!

–¡Qué ladrona! –gritan entonces las abejas de la colmena, rodeándola–. Nos has engañado imitando nuestro olor. ¡Pues ahora tendrás que limpiarnos la colmena a fondo!
Melba cumple con su castigo y lo limpia todo. Pero las abejas son estupendas y le dan un poco de la nueva miel para que la pruebe. ¡Está deliciosa!

Willy quiere que venga su mamá

Willy es pequeñito. Y es un uombat, un primo lejano de los canguros. Hoy se va a quedar en casa de los abuelos todo el día. Mamá ha salido de compras.

Willy se lo pasa de maravilla con el abuelo pero, a las cinco de la tarde, se sienta y coge su peluche.

—Quiero que venga mi mamá —dice, muy mimosito.

—¿Qué te ocurre, Willy? —pregunta el abuelo—. ¿No te lo has pasado bien hoy?

—Sí, abuelito —dice Willy—. ¡Pero quiero ver a mi mamá!

—Ya sabes que mamá ha ido a comprar y a enviar tu carta para Papá Noel.

—Ya. Pero quiero que venga enseguida. Tengo que decirle una cosa —insiste Willy.

—Nos la puedes contar a la abuela y a mí. Ya sabes que te queremos mucho.

Entonces, llaman al timbre. Es mamá. Willy corre a recibirla.

—¡Mamá! ¡Mamá! —dice, agarrándose a su cuello con cariño—. A Papá Noel le he pedido una bici para poder venir todos los días a casa de los abuelos. ¡Es que nos queremos muchísimo!

La marmota desorientada

Juanina ha dormido muy bien desde que empezó el otoño. Normalmente, duerme hasta el mes de marzo, pero... ¡se ha despertado el dieciocho de diciembre! Se levanta y sale de su madriguera. ¡Y nada más sacar la trufita a la calle, nota un frío espantoso!

—¡Brrrrr! ¡Qué frío! —dice la marmota—. Y tanto blanco me molesta en los ojos. Ahora mismo me vuelvo a dormir.

—¿A dormir? —repite una liebre que pasa por allí—. ¿Cómo se te ocurre algo así? ¡Faltan siete días para Navidad!

—¿Para qué? —pregunta Juanina, que no sabe qué es la Navidad.

—Claro: hay que decorar el árbol y preparar los dulces —explica la liebre.

—¡Dulces! ¡Mmmm! ¡Qué ricos! —exclama Juanina, aunque tiene sus reservas para los meses de sueño.

Está deseando disfrutar de la Navidad. Y así, se lo contará a todos sus amigos cuando se despierten.

Juanina ayuda a preparar la fiesta, se come unos dulces ¡y se vuelve a dormir tres meses más!